佛敎書院⑧受持讀誦

천지팔양신주경
백살신주경

차 례

송경의례 誦經儀禮

- 독경하기 전에 몸 · 마음을 가다듬는 의식 -

정구업진언 (입으로 지은 허물을 참회하고 맑히는 진언)
淨 口 業 眞 言

『수리수리 마하수리 수수리 사바하』(세번)

오방내외안위제신진언 (다섯 방위의 모든 신중들을 편안하게 하는 진언)
五 方 內 外 安 慰 諸 神 眞 言

『나무 사만다 못다남 옴 도로도로 지미 사바하』(세번)

개 경 게 (경전을 펼치면서 일심으로 마음을 가다듬는 게송)
開 經 偈

무상심심미묘법　　백천만겁난조우
無 上 甚 深 微 妙 法　　百 千 萬 劫 難 遭 遇

아금문견득수지　　원해여래진실의
我 今 聞 見 得 受 持　　願 解 如 來 眞 實 意

개법장진언 (진리의 곳간을 여는 경전공부에 들어서는 진언)
開 法 藏 眞 言

『옴 아라남 아라다』 (세번)

우리말 송경의례 誦經儀禮

🙏 입으로 지은 업을 깨끗이 하는 진언 淨口業眞言

『수리수리 마하수리 수수리 사바하』(세번)

🙏 다섯 방위 모든 신중을 편안하게 하는 진언 五方內外安慰諸神眞言

『나무 사만다 못다남 옴 도로도로 지미 사바하』(세번)

🙏 경전을 펼치면서 외우는 게송 開經偈

가장높고 미묘하고 깊고깊은 부처님법
백천만겁 지나도록 만나뵙기 어려워라
저는이제 다행히도 듣고보고 지니오니
부처님의 진실한뜻 알게하여 주옵소서

🙏 진리의 곳간을 여는 진언 開法藏眞言

『옴 아라남 아라다』 (세번)

천지팔양신주경 天地八陽神呪經

당 삼장법사 의정 봉조역
唐 三藏法師 義淨 奉詔譯

문여시하니 일시에 불이 재비야달마성
聞 如 是　一 時　佛　在 毘 耶 達 摩 城

요확택중하사 시방이 상수하고 사중이 위
寥 廓 宅 中　十 方　相 隨　四 衆　圍

요하니 이시에 무애보살이 재대중중하사
繞　爾 時　無 碍 菩 薩　在 大 衆 中

즉종좌기하여 합장향불하고 이백불언하사대
卽 從 座 起　合 掌 向 佛　而 白 佛 言

세존이시여 차염부제중생이 체대상생하여
世 尊　此 閻 浮 提 衆 生　遞 代 相 生

무시이래로 상속부단하되 유식자소하고
無 始 已 來　相 續 不 斷　有 識 者 少

무지자다하며 염불자소하고 구신자다하며
無 智 者 多　念 佛 者 少　求 神 者 多

지계자소하고 파계자다하며 정진자소하고
持 戒 者 少　破 戒 者 多　精 進 者 少

우리말 천지팔양신주경

이와 같이 나는 들었다. 어느 때에 부처님이 비야달마성 고요한 곳에 계실 적에 시방에서 따라다니는 사부대중들이 부처님을 모시고 둘러앉았다. 이때에 무애보살이 대중 가운데 있다가 자리에서 일어나 부처님께 합장하고 여쭙기를,

"세존이시여, 이 남섬부주 중생들이 번갈아 서로 낳기를 오랜 옛적부터 오늘에 이르기까지 끊이지 않고, 유식한 자는 적고 무식한 자가 많으며, 염불하는 자는 적고 잡신에게 구하는 자가 많으며, 계행을 지니는 자는 적고 계행을 파하는 자가 많으며,

해태자다하며 解怠者多 지혜자소하고 智慧者少 우치자다하며 愚癡者多

장수자소하고 長壽者少 단명자다하며 短命者多 선정자소하고 禪定者少

산란자다하며 散亂者多 부귀자소하고 富貴者少 빈천자다하며 貧賤者多

온유자소하고 溫柔者少 강강자다하며 剛強者多 흥성자소하고 興盛者少

경독자다하며 惸獨者多 정직자소하고 正直者小 곡첨자다하며 曲諂者多

청신자소하고 淸愼者少 탐탁자다하며 貪濁者多 보시자소하고 布施者所

간린자다하며 慳悋者多 신실자소하고 信實者少 허망자다하여 虛妄者多

치사세속으로 致使世俗 천박하고 淺薄 관법이 官法 도독하며 茶毒 부 賦

역이 役 번중하고 煩重 백성이 百姓 궁고하여 窮苦 소구난득은 所求難得

양유신사도견하여 良由信邪倒見 획여시고일세 獲如是苦 유원세 唯願世

정진하는 자는 적고 게으른 자가 많으며,
지혜있는 자는 적고 어리석은 자가 많으며,
장수하는 자는 적고 단명한 자가 많으며,
선정을 닦는 자는 적고 마음이 산란한 자가
많으며, 부귀한 자는 적고 빈천한 자가
많으며, 온유한 자는 적고 악한 자가 많으며,
흥성하는 자는 적고 고독한 자가 많으며,
정직한 자는 적고 아첨하는 자가 많으며,
청정한 자는 적고 탐내는 자가 많으며, 보시
하는 자는 적고 인색한 자가 많으며, 신실한
자는 적고 허황된 자가 많으며, 세속은 천
박하고 관법들은 혹독하여 부역과 구실은
잡다하고 백성들은 살아갈 길이 막연하여
구하는 일이 이루어지지 아니하니 사도를
믿고 소견이 잘못되어 이러한 고통을 받는

존은 위제사견중생하고 설기정견지법
尊 爲 諸 邪 見 衆 生 說 其 正 見 之 法

하사 영득오해하여 면어중고케하소서
令 得 悟 解 免 於 衆 苦

불언 선재선재라 무애보살이여 여대자
佛 言 善 哉 善 哉 無 碍 菩 薩 汝 大 慈

비로 위제사견중생하여 문어여래정견
悲 爲 諸 邪 見 衆 生 問 於 如 來 正 見

지법의 불가사의하니 여등은 제청하고 선
之 法 不 可 思 議 汝 等 諦 聽 善

사념지하라 오당위여하여 분별해설천지
思 念 之 吾 當 爲 汝 分 別 解 說 天 地

팔양지경하리라 차경은 과거제불이 이설
八 陽 之 經 此 經 過 去 諸 佛 已 說

하시고 미래제불이 당설하시며 현재제불이
未 來 諸 佛 當 說 現 在 諸 佛

금설하시니라
今 說

부천지지간에 위인이 최승최상하여 귀
夫 天 地 之 間 爲 人 最 勝 最 上 貴

듯하오니, 바라옵건대 세존께서는 이렇게 소견이 잘못된 중생들을 위하여 올바른 법문을 말씀하사 잘못된 것을 깨닫고 온갖 고통을 면하게 하소서.”

부처님이 말씀하사, “좋다 좋다 무애보살아, 네가 자비한 마음으로 소견이 잘못된 중생들을 위하여 부사의한 여래의 올바른 법을 물으니 자세히 듣고 잘 생각하라. 내가 너를 위하여 천지팔양경을 분별하여 말하리라. 이 경은 과거세 부처님들께서도 말씀하시었고, 미래세 부처님들께서도 마땅히 말씀하실 것이며, 현세 모든 부처님들도 말씀하시니라.

이 하늘과 땅 사이에는 사람이 가장 수승하여 만물 가운데 가장 귀한 것이니 사람

어일체만물하나니 인자는 정야며 진야라
於 一 切 萬 物　人 者　正 也　眞 也

심무허망하여 신행정진이니 좌별위정이요
心 無 虛 妄　身 行 正 眞　左 ノ 爲 正

우불위진이라 상행정진할새 고명위인이니
右 丶 爲 眞　常 行 正 眞　故 名 爲 人

시지하라 인능홍도하며 도이윤신하나니 의
是 知　人 能 弘 道　道 以 潤 身　依

도의인하면 개성성도하리라
道 依 人　皆 成 聖 道

부차 무애보살이여 일체중생이 기득
復 次　無 碍 菩 薩　一 切 衆 生　旣 得

인신하여 불능수복하고 배진향위하여 조
人 身　不 能 修 福　背 眞 向 僞　造

종종악업타가 명장욕종에 침륜고해하여
種 種 惡 業　命 將 欲 終　沈 淪 苦 海

수종종죄하나니 약문차경하고 신심불역하면
受 種 種 罪　若 聞 此 經　信 心 不 逆

즉득해탈제죄지난하여 출어고해하며 선
卽 得 解 脫 諸 罪 之 難　出 於 苦 海　善

이란 것은 바른 것이며 참된 것이란 뜻이니 마음으로는 허망함이 없고 몸으로는 바르고 참된 일을 행하여야 하나니라. 왼쪽으로 삐친 획은 바르다는 뜻이요, 오른쪽으로 삐친 획은 참되다는 뜻이니 항상 바르고 참된 일만 행하므로 사람이라 하였나니, 그러므로 알아라. 사람은 도를 넓히고 도로써 몸을 윤택하게 하는 것이니 도에 의지하고 사람을 의지하면 모두 성인의 도를 이루리라. 다시 또 무애보살아,

여러 중생이 사람은 되었건만 능히 복을 닦지 아니하고 참된 것은 등지고 그릇된 것을 향하여 여러가지 나쁜 업을 짓다가 장차 목숨을 마칠 때에 고통바다에 빠져서 여러가지 죄보를 받게 되나니, 만일 이 경의

신이 가호하여 무제장애하고 연년익수하여
神 加 護 無 諸 障 碍 延 年 益 壽

이무횡요하나니 이신력고로 획여시복이어늘
而 無 橫 夭 以 信 力 故 獲 如 是 福

하황유인이 진능서사하고 수지독송하며
何 況 有 人 盡 能 書 寫 受 持 讀 誦

여법수행하면 기공덕은 불가칭불가량이며
如 法 修 行 其 功 德 不 可 稱 不 可 量

무유변제하여 명종지후에 병득성불하리라
無 有 邊 際 命 終 之 後 竝 得 成 佛

불고무애보살마하살하시대 약유중생이
佛 告 無 碍 菩 薩 摩 訶 薩 若 有 衆 生

신사도견하여 즉피사마외도와 이매망
信 邪 倒 見 卽 被 邪 魔 外 道 魑 魅 魍

량과 조명백괴와 제악귀신이 경래뇌
魎 鳥 鳴 百 怪 諸 惡 鬼 神 競 來 惱

난하여 여기횡병하되 악종악두악오로 수
亂 與 其 橫 病 惡 腫 惡 痘 惡 忤 受

기통고하여 무유휴식이라도 우선지식하여
其 痛 苦 無 有 休 息 遇 善 知 識

말씀을 듣고 믿는 마음으로 거슬리지 아니하면 모든 죄업을 해탈하고 고통바다에서 헤어나 선신의 가호를 입어 모든 장애가 없어지고 수명을 늘여 오래 살고 횡액과 일찍 죽는 일이 없을 것이니, 믿는 힘으로도 이러한 복을 받게 되거늘 하물며 어떤 사람이 이 경을 쓰거나 받아지니고 읽거나 외우고 법답게 닦아 행하면 그 공덕은 헤아릴 수 없을 정도로 무량무변하여 칭량할 수 없고 끝이 없어서 목숨을 마친 뒤에는 모두 부처를 이루게 되느니라."

부처님이 무애보살과 마하살에게 이르시기를, "만일 어떤 중생이 사도를 믿고 생각이 잘못들면 곧 사마와 외도와 도깨비와 나쁜 새의 울음 등 온갖 괴물과 나쁜 귀신

위독차경삼편하면 시제악귀가 개실소
爲 讀 此 經 三 遍 是 諸 惡 鬼 皆 悉 消

멸하여 병즉제유하여 신강역족하나니 독경
滅 病 則 除 愈 身 强 力 足 讀 經

공덕으로 획여시복하나니라 약유중생이 다
功 德 獲 如 是 福 若 有 衆 生 多

어음욕하며 진에우치하며 간탐질투라도
於 淫 欲 瞋 恚 愚 癡 慳 貪 嫉 妬

약견차경하고 신경공양하며 즉독차경삼
若 見 此 經 信 敬 供 養 卽 讀 此 經 三

편하면 우치등악이 병개제멸하며 자비희
遍 遇 癡 等 惡 竝 皆 除 滅 慈 悲 喜

사로 득불법분이니라
捨 得 佛 法 分

부차 무애보살이여 약선남자 선여인이
復 次 無 碍 菩 薩 若 善 男 子 善 女 人

흥유위법하되 선독차경삼편하고 축장동토하며
興 有 爲 法 先 讀 此 經 三 遍 築 墻 動 土

안입가택하되 남당북당과 동서서서와
安 立 家 宅 南 堂 北 堂 東 序 西 序

들이 번갈아 와서 시끄럽게 할 것이며 나쁜 질병이나 나쁜 염병이나 여러가지 나쁜 횡액과 병을 주어서 지독한 고통을 쉴새 없이 받게 될 것이니, 만일 선지식을 만나 이 경을 세 번만 읽어주면 이러한 나쁜 귀신들이 모두 소멸되고 병이 나을 것이며 몸이 건강하고 기운이 충실하리니 이 경을 읽은 공덕으로 이러한 복을 받게 되느니라.

만일 어떤 중생이 음욕과 성냄과 어리석은 생각과 간탐하고 시기하는 마음이 많더라도 이 경을 보고 믿고 공경하고 공양하여 세 번만 읽으면 어리석고 나쁜 버릇이 모두 소멸되고 자비하고 희사하여 불법이 분명함을 알게 되느니라. 또 무애보살아, 선남자 선여인이 어떤 역사를 하려 할 때에 먼저

주사객옥과 문호정조와 대애고장과
廚舍客屋 門戶井謂 碓磑庫藏

육축난혼하면 일유월살과 장군태세와
六畜欄溷 日遊月殺 將軍太歲

황번표미와 오토지신과 청룡백호와
黃幡豹尾 五土地神 靑龍白虎

주작현무와 육갑금휘와 십이제신과
朱雀玄武 六甲禁諱 十二諸神

토위복룡과 일체귀매가 개실은장하여
土尉伏龍 一切鬼魅 皆悉隱藏

원병타방하고 형소영멸하여 불감위해하며
遠迸他方 形消影滅 不敢爲害

심대길리하여 득복무량하리라
甚大吉利 得福無量

선남자야 흥공지후에 당사영안하고 옥
善男子 興功之後 堂舍永安 屋

택이 뇌고하며 부귀길창하여 불구자득하며
宅 牢固 富貴吉昌 不求自得

약욕원행종군커나 사환흥생하면 심득의
若欲遠行從軍 仕宦興生 甚得宜

이 경을 세 번만 읽으면 담을 쌓거나 터를 닦아 집을 짓거나 안채 바깥채나 동서행랑이나 부엌과 객실을 중수하거나 문을 내고 샘을 파고 아궁이를 고치고 방아를 놓고 창고를 짓고 가축의 우리를 세우더라도 일유월살, 장군태세, 황번표미, 오방지신, 청룡백호, 주작현무, 육갑금휘, 십이제신, 토위복룡 등 온갖 허깨비 도깨비들이 모두 숨거나 타방으로 물러가며 형상과 그림자까지 소멸되고 해롭게 하지 못할 것이며 매사가 대길하여 한량없는 복을 받으리라.

선남자들아, 역사를 일으킨 뒤에 집안이 태평하고 가옥이 견고하며 부귀영화를 구하지 아니하여도 저절로 흥성하며 혹 먼길을 가거나 군에 입대하거나 벼슬을 구하거나

리하여 문흥인귀하며 백자천손으로 부자
利　　門興人貴　　百子千孫　　父慈

자효하며 남충여정하며 형공제순하고 부
子孝　　男忠女貞　　兄恭弟順　　夫

처화목하며 신의독친하고 소원성취하리라
妻和睦　　信義篤親　　所願成就

약유중생이 홀피현관구계하여 도적견
若有衆生　忽被縣官拘繫　　盜賊牽

만이라도 잠독차경삼편하면 즉득해탈하리라
挽　　暫讀此經三遍　　即得解脫

약유선남자 선여인이 수지독송하고
若有善男子　善女人　受持讀誦

위타인하여 서사천지팔양경자는 설입
爲他人　　書寫天地八陽經者　設入

수화라도 불피분표하고 혹재산택이라도 호
水火　　不被焚漂　　或在山澤　　虎

랑이 병적하여 불감박서하며 선신이 위호
狼　迸跡　　不敢搏噬　　善神　衛護

하여 성무상도하리라 약부유인이 다어망어
　　成無上道　　若復有人　多於妄語

사업을 하려 하여도 매우 번성하며 가문이 흥왕하여 사람이 귀히 되며 백자천손에 부모는 사랑하고 자식은 효도하며 남자는 충성하고 여자는 정결하며 형은 우애하고 아우는 공순하며 부부가 화목하고 친척간에 신의가 있어 소원을 성취하게 될 것이며, 어떤 중생이 옥중에 감금되거나 도적에게 붙들렸더라도 이 경을 세 번만 읽으면 즉시 벗어나게 되나니라.

  어느 선남자나 선여인이 천지팔양경을 받아지니거나 외우거나 타인을 위하여 쓰거나 하면 불에 들어가도 타지 아니하고, 물에 빠져도 떠내려가지 아니하며, 험한 숲속에 가더라도 뱀과 이리가 자취를 감추고 할퀴거나 물지 않으며 선신이 보호하여

기어와 양설악구라도 약능수지독송차
綺語 兩舌惡口 若能受持讀誦此

경하면 영제사과하고 득사무애변하여 이
經 永除四過 得四無碍辯 而

성불도하며 약선남자 선여인등이 부
成佛道 若善男子 善女人等 父

모유죄하여 임종지일에 당타지옥하여 수
母有罪 臨終之日 當墮地獄 受

무량고라도 기자즉위독송차경칠편하면
無量苦 其子卽爲讀誦此經七遍

부모즉리지옥하고 이생천상하여 견불문
父母卽離地獄 而生天上 見佛聞

법하고 오무생인하여 이성불도하리라
法 悟無生忍 以成佛道

불고무애보살하시되 비바시불시에 유우
佛告無碍菩薩 毘婆尸佛時 有優

바새 우바이하여 심불신사하고 경숭불
婆塞 優婆夷 心不信邪 敬崇佛

법하며 서사차경하여 수지독송하되 수작
法 書寫此經 受持讀誦 須作

무상도를 이루게 되느니라.

또 어떤 사람이 거짓말과 꾸며대는 말과 욕설과 이간하는 말을 많이 하였더라도 이 경을 받아지니거나 외우거나 하면 네 가지 허물이 없어지고 네 가지 무애변재를 얻어서 불도를 성취할지니라. 또 선남자나 선여인의 부모가 죄를 짓고 죽어서 지옥에 떨어져 한없는 고통을 받게 되었을지라도 그 자식들이 이 경을 일곱 번만 읽으면 그 부모가 지옥에서 즉시 벗어나 천상에 날 것이며 부처님 법문을 듣고 무생법인을 깨달아 불도를 이루게 되느니라.”

부처님이 무애보살에게 이르시기를,

“비바시 부처님 때에 우바새와 우바이가 사교를 믿지 않고 불법을 존중하며 이 경을

즉작하고 일무소문하며 이정신고로 겸행
卽作　　　一無所問　　　以正信故　　兼行

보시하되 평등공양하고 득무루신으로 성
布施　　　平等供養　　　得無漏身　　　成

보리도하니 호왈보광여래응정등각이라
菩提道　　　號曰普光如來應正等覺

겁명은 대만이요 국호는 무변이라 단시인
劫名　　大滿　　　國號　　無邊　　　但是人

민이 행보살도하되 무소득법하니라
民　　行菩薩道　　　無所得法

부차 무애보살이여 차천지팔양경이
復次　　無碍菩薩　　　此天地八陽經

행염부제하면 재재처처에 유팔보살과
行閻浮提　　　在在處處　　　有八菩薩

제범천왕과 일체명령이 위요차경하고
諸梵天王　　一切明靈　　　圍繞此經

향화공양하여 여불무이하시니라 불고무애
香華供養　　　如佛無異　　　　佛告無碍

보살마하살하시되 약선남자 선여인등이
菩薩摩訶薩　　　　若善男子　善女人等

써서 배우고 읽고 외우며 할 일을 모두 하되
한 번도 의심하지 아니하며 올바르게 믿으
면서 보시를 널리 행하고 평등하게 공양하
다가 번뇌없는 몸을 얻어 보리를 이루었으
니 명호는 보광여래 응정등각이요, 겁의
이름은 대만겁이며 세계의 이름은 무변국
토라, 그 세계의 백성들은 다만 보살도를
행하였을 뿐이요 법을 얻었다는 것은 없었
느니라. 또 무애보살아, 이 천지팔양경이
남섬부주에 유행하면 가는 곳마다 팔 보살
과 여러 범천왕과 온갖 신명들이 이 경을
둘러싸고 호위하며 향과 꽃으로 공양하기
를 부처님과 같이 하리라."
　부처님이 무애보살마하살께 이르시기를,
"만일 선남자나 선여인들이 중생들을 위하여

위제중생하여 강설차경하면 심달실상하여
爲諸衆生 講說此經 深達實相

득심심리하되 즉지신심이 불신법심이라
得甚深理 卽知身心 佛身法心

소이능지즉지혜니 안상견종종무진
所以能知卽智慧 眼常見種種無盡

색하되 색즉시공이요 공즉시색이라 수상
色 色卽是空 空卽是色 受想

행식도 역공하나니 즉시묘색신여래며 이
行識 亦空 卽是妙色身如來 耳

상문종종무진성하되 성즉시공이요 공즉
常聞種種無盡聲 聲卽是空 空卽

시성이라 즉시묘음성여래며 비상후종
是聲 卽是妙音聲如來 鼻常齅種

종무진향하되 향즉시공이요 공즉시향이라
種無盡香 香卽是空 空卽是香

즉시향적여래며 설상료종종무진미하되
卽是香積如來 舌常了種種無盡味

미즉시공이요 공즉시미라 즉시법희여
味卽是空 空卽是味 卽是法喜如

이 경을 강설하면 실상을 잘 알고 깊은 이치를 얻되 이 몸이 곧 부처님 몸이요, 이 마음이 곧 법의 마음임을 알 것이니, 그리하여 능히 아는 것이 곧 지혜인지라 눈으로는 항상 여러가지 끝없는 색을 보거든 색이 곧 공이요, 공이 곧 색이며 느낌과 생각과 행동과 의식도 또한 공이어서 이것이 묘색신여래이며, 귀로는 항상 여러가지 끝없는 소리를 듣거든 소리가 곧 공이요, 공이 곧 소리여서 이것이 묘음성여래이며, 코로는 항상 여러가지 끝없는 냄새를 맡거든 냄새가 곧 공이요 공이 곧 냄새여서 이것이 향적여래며, 혀로는 항상 여러가지 끝없는 맛을 알거든 맛이 곧 공이요, 공이 곧 맛이어서 이것이 법희여래며, 몸으로는 항상 여러가지

래며 신상각종종무진촉하되 촉즉시공
來 身 常 覺 種 種 無 盡 觸 觸 卽 是 空

이요 공즉시촉이라 즉시지승여래며 의상
空 卽 是 觸 卽 是 智 勝 如 來 意 常

사상분별종종무진법하되 법즉시공이요
思 想 分 別 種 種 無 盡 法 法 卽 是 空

공즉시법이라 즉시법명여래니라
空 卽 是 法 卽 是 法 明 如 來

선남자야 차육근이 현현하되 인개구상
善 男 子 此 六 根 顯 現 人 皆 口 常

설기선어하여 선법상전하며 즉성성도나
說 其 善 語 善 法 常 轉 卽 成 聖 道

설기사어하여 악법상전하면 즉타지옥하나니
說 其 邪 語 惡 法 常 轉 卽 墮 地 獄

선남자야 선악지리를 부득불신가 선
善 男 子 善 惡 之 理 不 得 不 信 善

남자 인지신심이 시불법기며 역시십
男 子 人 之 身 心 是 佛 法 器 亦 是 十

이부대경권야어늘 무시이래로 전독부
二 部 大 經 卷 也 無 始 已 來 轉 讀 不

끝없는 촉을 감각하거든 촉이 곧 공이요 공이 곧 촉이어서 이것이 지승여래며, 뜻으로는 항상 여러가지 끝없는 법을 생각하며 분별하거든 법이 곧 공이요 공이 곧 법이어서 이것이 법명여래이니라.

선남자들아, 이 육근이 나타나되 사람들이 항상 입으로 착한 말을 하고 착한 법을 항상 행하면 성인의 도를 이루는 것이요, 나쁜 말을 하여 나쁜 법을 항상 행하면 지옥에 떨어지느니라. 선남자들아, 선한 인과와 나쁜 인과의 이치를 꼭 믿어야 하느니라.

선남자들아, 사람들의 몸과 마음이 불법을 담을 그릇이며 또한 십이부의 팔만대장경이건만은 오랜 옛적부터 지금까지 다 읽지 못하였으며 터럭만치도 건드리지 못하

진_{하여} 불손호모_{하나니} 여래장경_은 유식
盡　　不損毫毛　　如來藏經　　唯識

심견성자지소능지_요 비제성문범부_의
心見性者之所能知　　非諸聲聞凡夫

소능지야_{니라} 선남자_가 독송차경_{하여} 심
所能知也　　善男子　　讀誦此經　　深

해진리_{하면} 즉지신심_이 시불법기_{이나} 약
解眞理　　卽知身心　　是佛法器　　若

취미불성_{하면} 불료자심_이 시불법근본
醉迷不醒　　不了自心　　是佛法根本

_{하고} 유랑제취_{하여} 타어악도_{하고} 영침고
流浪諸趣　　墮於惡道　　永沈苦

해_{하여} 불문불법명자_{하리라}
海　　不聞佛法名字

이시_에 오백천자_가 재대중중_{하여} 문불
而時　　五百天子　　在大衆中　　聞佛

소설_{하고} 득법안정_{하여} 개대환희_{하며} 즉
所說　　得法眼淨　　皆大歡喜　　卽

발무등등아뇩다라삼먁삼보리심_{하니라}
發無等等阿耨多羅三藐三菩提心

였나니 이 여래장경은 마음을 알고 성품을 본 사람만이 아는 것이요 모든 성문이나 범부들은 알지 못하느니라.

선남자들아, 이 경을 읽고 외워서 진리를 깊이 깨달으면 이 몸과 마음이 곧 불법을 담는 그릇인 줄을 알거니와 만일 술취한 듯 깨지 못하면 자기의 마음이 불법의 근본임을 알지 못하고 여러 갈래로 헤매다 나쁜 길에 떨어져서 영원히 고통바다에 빠지고 불법이란 이름조차 듣지 못하리라."

그 때에 오백천인들이 대중 가운데서 부처님의 말씀을 듣고 법의 눈이 깨끗하여짐을 얻고는 크게 즐거워서 즉시로 최상의 성스러운 천안, 법안, 혜안 등 삼명과 성문, 연각, 보살의 삼보리심을 내었느니라.

무애보살이 부백불언하시되 세존하 인지
無碍菩薩 復白佛言 世尊 人之

재세에 생사위중이나 생불택일하고 시지
在世 生死爲重 生不擇日 時至

즉생하고 사불택일하고 시지즉사어늘 하
卽生 死不擇日 時至卽死 何

인빈장하여 즉문양신길일하고 연시빈
因殯葬 卽問良辰吉日 然始殯

장하되 빈장지후에 환유방해하며 빈궁자
葬 殯葬之後 還有妨害 貧窮者

다하고 멸문자불소입니까 유원세존하 위
多 滅門者不少 唯願世尊 爲

제사견무지중생하사 설기인연하여 영득
諸邪見無知衆生 說其因緣 令得

정견하고 제기전도하소서
正見 除其顚倒

불언선재선재라 선남자야 여실심능
佛言善哉善哉 善男子 汝實甚能

문어중생의 생사지사와 빈장지법하고
問於衆生 生死之事 殯葬之法

무애보살이 다시 부처님께 여쭈옵대

"세존이시여, 사람이 이 세상에 있어서 나고 죽는 것이 가장 소중하지만 날 적에도 택일하지 아니하고 때가 되면 나는 것이요, 죽을 때에도 택일하지 아니하고 때가 되면 죽는 것이어늘, 어찌하여 초빈하거나 장사할 때에는 좋은 날을 택하여 초빈하고 장사하건만 그러한 뒤에 도리어 해가 되어 빈궁하는 자가 많고 가문이 멸하는 일까지 적지 아니하오니까. 원컨대 세존이시여! 소견이 잘못되고 무지한 중생들을 위하여 그 인연을 말씀하사 올바른 소견을 가지고 뒤바뀐 소견을 덜게 하여 주시옵소서."

부처님이 말씀하시대, "좋다 좋다 선남자들아, 네가 능히 중생들의 나고 죽는 일과

여등제청하라 당위여설지혜지리와 대
汝 等 諦 廳　　當 爲 汝 說 智 慧 之 理　　大

도지법하리라 부천지광대청하며 일월광
道 之 法　　夫 天 地 廣 大 淸　　日 月 廣

장명하며 시년선선미하여 실무유이니라
長 明　　時 年 善 善 美　　實 無 有 異

선남자야 인왕보살이 심대자비하여 민
善 男 子　　人 王 菩 薩　　甚 大 慈 悲　　愍

념중생하되 개여적자하며 하위인주하여 작
念 衆 生　　皆 如 赤 子　　下 爲 人 主　　作

민부모하되 순어속인하여 교민속법하며 유
民 父 母　　順 於 俗 人　　敎 民 俗 法　　遺

작역일하여 반하천하하며 영지시절이어늘 위
作 曆 日　　頒 下 天 下　　令 知 時 節　　爲

유만평성수개제지자와 집위파살지
有 滿 平 成 收 開 除 之 字　　執 危 破 殺 之

문이라 우인은 의자신용하여 무불면기흉
文　　愚 人　　依 字 信 用　　無 不 免 其 凶

화코서 우사사사로 압진하고 설시도비하여
禍　　又 使 邪 師　　壓 鎭　　說 是 道 非

초빈하고 장사하는 법을 물으니 자세히 들으라. 너희들을 위하여 슬기로운 이치와 대도의 법을 말하리라. 대개 천지는 넓고 깨끗하며 일월은 항상 밝은지라 어느 시간이나 어느 해나 좋고 아름다워 조금도 다르지 아니하다.

선남자들아, 인왕보살이 크게 자비하여 중생을 불쌍히 여기기를 어린아이같이 하는 탓으로 사람들의 임금이 되고 백성의 부모가 되었을 때 세속 사람을 수순하여 세속법을 가르치되 책력을 만들어 천하에 반포하여 절후를 알게 하였거늘 만(滿) · 평(平) · 성(成) · 수(收) · 개(開) · 제(除) · 집(執) · 위(危) · 파(破) · 살(殺)이란 글자가 있는 까닭으로 어리석은 사람들은 글자대로만

만구사신하여 배아귀하여 각초앙자수고
謾 求 邪 神　拜 餓 鬼　却 招 殃 自 受 苦

하나니 여시인배는 반천시하고 역지리하여
如 是 人 輩　反 天 時　逆 地 理

배일월지광명하고 상투암실하며 위정도
背 日 月 之 光 明　常 投 暗 室　違 正 道

지광로하여 항심사경이라 전도지심야니라
之 廣 路　恒 尋 邪 巡　顚 倒 之 甚 也

선남자야 산시에 독송차경삼편하면 아
善 男 子　産 時　讀 誦 此 經 三 遍　兒

즉이생하고 심대길리하며 총명이지하고 복
則 易 生　甚 大 吉 利　聰 明 理 智　福

덕구족하며 이부중요하나니라 사시에 독송
德 具 足　理 不 中 夭　死 時　讀 誦

차경삼편하면 일무방해하고 득복무량하리라
此 經 三 遍　一 無 妨 害　得 福 無 量

선남자야 일일호일이며 월월호월이며 연
善 男 子　日 日 好 日　月 月 好 月　年

년호년이며 실무간격이니 단판즉수빈장
年 好 年　實 無 間 隔　但 辦 卽 須 殯 葬

믿으면 흉한 일과 재앙을 면하리라 하고 사도를 하는 사람들은 이것을 부연하여 이리하면 옳고 저리하면 그르다 하여 부질없이 사신에게 구하며 아귀에게 절하다가 도리어 앙화를 만나고 고통을 받나니, 이런 사람들은 천시 배반하고 지리를 어기며, 해와 달의 밝은 빛을 등지고 항상 어두운데로 가는 것이며, 정당한 도리의 넓은 길을 버리고 항상 잘못된 길을 찾는 것이니 뒤바뀐 소견이 심한 것이니라.

　선남자들아, 해산하려 할 때에 이 경을 세 번만 읽으면 아이를 순산하여 크게 길할 것이며 총명하고 지혜있고 복덕이 구족하여 요사하는 일이 없을 것이요, 죽으려 할 적에 이 경을 세 번만 읽으면 조금도

하고 빈장지일에 독송차경칠편하면 심대
殯 葬 之 日　讀 誦 此 經 七 遍　　甚 大

길리하여 획복무량하고 문영인귀하고 연년
吉 利　獲 福 無 量　門 榮 人 貴　　延 年

익수하며 명종지일에 병득성성하리라
益 壽　命 終 之 日　並 得 成 聖

선남자야 빈장지지에 막문동서남북안
善 男 子　殯 葬 之 地　莫 問 東 西 南 北 安

온지처니 인지애락은 귀신애락이라 즉독
穩 之 處　人 之 愛 樂　鬼 神 愛 樂　　即 讀

차경삼편하고 변이수영하며 안치묘전하면
此 經 三 遍　便 以 修 營　安 置 墓 田

영무재장하고 가부인흥하여 심대길리하리라
永 無 災 障　家 富 人 興　甚 大 吉 利

이시에 세존이 욕중선차의하사 이설게
爾 時　世 尊　欲 重 宣 此 義　而 說 偈

언하시되
言

영생선선일이며 휴빈호호시라
營 生 善 善 日　休 殯 好 好 時

방해가 없고 한량없는 복을 얻으리라.

선남자들아, 매일같이 좋은 날이며 다달이 좋은 달이요 해마다 좋은 해라 진실로 막힐 것이 없나니, 차비만 되면 어느 때든지 초빈하고 장사하되 장사하는 날에 이 경을 일곱 번만 읽으면 크게 길하고 이로워서 한량없는 복을 받을 것이며 가문이 번영하고 사람이 귀히 되며 수명을 늘여 장수하고 목숨을 마치는 날에는 성인의 도를 이루리라.

선남자들아, 초빈하고 장사할 곳은 동서남북을 물을 것 없고 편안한 자리를 구할지니 사람이 좋아하는 곳이면 귀신도 좋아하나니라. 이 경을 세 번 읽고 터를 닦고 갈아 편안하게 하고 묘를 쓰고 묘전을 마련하면 재앙은 영원히 없어지고 집이 부유하고 자손은 번성

생사독송경하면 심득대길리니라
生 死 讀 誦 經　　甚 得 大 吉 利

월월선명월이요 연년대호년이라
月 月 善 明 月　　年 年 大 好 年

독경즉빈장하면 영화만대창이니라
讀 經 卽 殯 葬　　榮 華 萬 代 昌

이시에 중중칠만칠천인이 문불소설하고
爾 時　衆 中 七 萬 七 千 人　聞 不 所 說

심개의해하여 사사귀정하며 득불법분하고
心 開 意 解　　捨 邪 歸 正　　得 佛 法 分

영단의혹하고 개발아뇩다라삼먁삼보
永 斷 疑 惑　　皆 發 阿 耨 多 羅 三 藐 三 菩

리심하니라 무애보살이 부백불언하시되
提 心　　無 碍 菩 薩　復 白 佛 言

세존하 일체범부가 개이혼구로 위친하되
世 尊　一 切 凡 夫　皆 以 婚 媾　爲 親

선문상의하고 후취길일하여 연시성친이나
先 問 相 宜　　後 取 吉 日　　然 始 成 親

성친지후에 부귀해로자소하고 빈궁생
成 親 之 後　富 貴 偕 老 者 少　　貧 窮 生

하여 크게 길하리라."

그 때에 세존께서 이러한 뜻을 거듭 말씀하사 게송으로 말씀하시되, "삶을 영위할 때에 좋고 좋은 날이요, 장사하는 그날마저 좋고 좋은 때이니 날 때에나 죽을 때에 이 경을 읽으면 크게 이롭고 크게 길함을 얻으리라. 지난 달도 오는 달도 길한 달이요, 금년에도 명년에도 좋은 해리니 이 경을 지성으로 읽고 장사 지내면 천추만대 영화롭고 창성하리라."

그 때에 대중 가운데서 칠만칠천 대중이 부처님의 말씀을 듣고 마음이 열리고 뜻이 트이어 사도를 버리고 정도로 돌아와서 불법을 얻어 지녀 의심을 영원히 끊어버리고 칠만칠천 대중이 최상의 성스러운 삼명(三明)과

리사별자다하니 일종신사로 여하이유
離死別者多　　一種信邪　　如何而有

차별입니까 유원세존하 위결중의하소서
差別　　　唯願世尊　　爲決衆疑

불언하시되 선남자야 여등제청하라 당위
佛言　　　善男子　　汝等諦聽　　當爲

여설하리라 부천양지음하며 월음일양하며
汝說　　　夫天陽地陰　　月陰日陽

수음화양하며 남양여음이니 천지기합하여
水陰火陽　　男陽女陰　　天地氣合

일체초목이 생언하고 일월이 교운하여 사
一切草木　　生焉　　日月　交運　　四

시팔절이 명언하고 수화상승하여 일체만
時八節　明焉　　水火相承　　一切萬

물이 숙언하고 남녀윤해하여 자손이 흥언
物　熟焉　　男女允諧　　子孫　興焉

하나니 개시천지상도요 자연지리며 세제
皆是天地常道　自然之理　世諦

지법이니라
之法

삼보리심(三菩提心)을 내었다.

　무애보살이 다시 부처님께 사뢰었다. "세존
이시여, 범부들이 혼인을 하려 할 때에 먼저
여러가지가 맞는가를 물어보고 다음에 길한
날을 택하여서 혼례를 올리지만 혼인한 뒤
에 부귀하여 해로하는 자는 적고 빈궁하게
살다 헤어지고 죽어 이별하는 자가 많으니,
한가지로 삿된 말을 믿는 것이어늘 어찌하
여 이러한 차별이 있나이까. 원컨대 세존께
서 많은 사람들의 의심을 풀어 주소서."

　부처님께서 말씀하시대, "선남자들아 자
세히 듣거라. 너희들을 위하여 말하리라.

　하늘은 양이고 땅은 음이며, 해는 양이요 달
은 음이며 불은 양이요 물은 음이며, 남자는
양이요 여자는 음이니, 하늘과 땅의 기운이

선남자야 우인은 무지하여 신기사사하며
善男子 愚人 無智 信其邪師

복문망길하여 이불수선하고 조종종악업
卜問望吉 而不修善 造種種惡業

이라가 명종지후에 부득인신자는 여지갑
命終之後 復得人身者 如指甲

상토하고 타어지옥하여 작아귀축생자는
上土 墮於地獄 作餓鬼畜生者

여대지토니라 선남자야 부득인신하여 정
如大地土 善男子 復得人身 正

신수선자는 여지갑상토하고 신사조악
信修善者 如指甲上土 信邪造惡

업자는 여대지토니라 선남자야 욕결혼
業者 如大地土 善男子 欲結婚

친인댄 막문수화상극과 포태상압과 연
親 莫問水火相剋 胞胎相壓 年

명부동하고 유간녹명서하여 즉지복덕다
命不同 唯看祿命書 卽知福德多

소하여 이위권속하고 호영지일에 즉독차
少 以爲眷屬 呼迎之日 卽讀此

합하여 온갖 초목이 나는 것이요, 해와 달이 서로 옮기어 사시와 팔절이 분명하게 생기는 것이요, 물과 불이 서로 순수하여 온갖 만물이 성숙하는 것이요, 남녀가 화합하여 자손이 번성하는 것이 하늘의 항상한 도요 자연의 이치며 세속의 법이니라.

선남자들아, 어리석은 사람은 지견이 부족하여 사도하는 사람을 믿어 점치고 굿을 하여 길하기를 바라며, 착한 일을 닦지 않고 여러 가지 나쁜 짓만 하다가 죽은 뒤에는 다시 사람으로 태어나는 이는 손톱 위의 흙과 같고 지옥에 떨어져 아귀가 되거나 축생으로 생겨나는 이는 땅덩이의 흙과 같이 많느니라.

선남자들아, 사람으로 태어난 이들도 바른 일을 하는 이는 손톱의 흙같고 나쁜 도를

경삼편하여 이이성례하면 차내선선상잉
經 三 遍　而 以 成 禮　此 乃 善 善 相 仍

하고 명명상속하여 문고인귀하며 자손흥
明 明 相 屬　門 高 人 貴　子 孫 興

성하며 총명이지하고 다재다예하며 효경
盛　聰 明 理 智　多 才 多 藝　孝 敬

상승하고 심대길리하여 이부중요하며 복
相 承　甚 大 吉 利　而 不 中 天　福

덕구족하고 개성불도하리라
德 具 足　皆 成 佛 道

시에 유팔보살하니 승불위신하여 득대총
時　有 八 菩 薩　承 佛 威 信　得 大 總

지하며 상처인간하여 화광동진하고 파사
持　常 處 人 間　和 光 同 塵　破 邪

입정하며 도사생처팔해하되 이불자이하니
立 正　度 四 生 處 八 解　而 不 自 異

기명왈발다라보살누진화며 나린갈
其 名 曰 跋 陀 羅 菩 薩 漏 盡 和　羅 隣 渴

보살누진화며 교목도보살누진화며
菩 薩 漏 盡 和　憍 目 兜 菩 薩 漏 盡 和

믿고 악한 짓을 하는 이는 땅덩이의 흙과 같이 많느니라. 혼인을 맺으려 할 때는 수화가 상극이 된다거나 포와 태가 서로 눌린다거나 나이가 맞지 않거나를 묻지 말고 다만 전생록을 보면 복덕이 많고 적음을 알 수 있는 것이니, 그로써 권속을 삼고 결혼하는 날에 이 경을 세번 읽고 예를 올리면 좋은 일이 항상 계속되고 빛난 광명이 서로 모이어 가문은 높아지고 사람은 귀히 되고 자손이 창성하되 총명하고 지혜 있고 재주 있고 솜씨 좋고 효도하고 공경하며 대대로 계승하여 크게 길할 것이요, 단명하여 요사하는 일이 없고 복덕이 구족하여 불도를 이루리라."

그 때에 여덟 보살이 부처님의 위신을 받자와 대총지를 얻고도 항상 인간 세상에

나라달보살누진화며 수미심보살누
那 羅 達 菩 薩 漏 盡 和   須 彌 深 菩 薩 漏

진화며 인저달보살누진화며 화륜조
盡 和   因 抵 達 菩 薩 漏 盡 和   和 輪 調

보살누진화며 무연관보살누진화니라
菩 薩 漏 盡 和   無 緣 觀 菩 薩 漏 盡 和

시에 팔보살이 구백불언하시되 세존하 아
是   八 菩 薩   俱 白 佛 言   世 尊   我

등이 어제불소에 수득다라니신주하시오니
等   於 諸 佛 所   受 得 陀 羅 尼 神 呪

이금설지하여 옹호수지독송천지팔양
而 今 說 之   擁 護 受 持 讀 誦 天 地 八 陽

경자하여 영무공포케 하라 사일체불선지
經 者   永 無 恐 怖   使 一 切 不 善 之

물로 부득침손독경법사케 하리니라
物   不 得 侵 損 讀 經 法 師

즉어불전에 이설주왈
卽 於 佛 前   而 說 呪 曰

아거니 니거니 아비라 만례 만다례
阿 去 尼 尼 去 尼 阿 毘 羅 曼 隷 曼 多 隷

있어서 깨끗한 광명을 싸 감추고 티끌 세상과 함께 하면서 사도를 깨뜨리고 정도를 세우며 태·난·습·화사생을 여덟 가지로 분별하여 제도하고 항상 해탈에 있으면서도 남들과 달리하지 아니하니 그 이름은 발타라보살누진화, 나린갈보살누진화, 교목도보살누진화, 나라달보살누진화, 수미심보살누진화, 인저달보살누진화, 화륜조보살누진화, 무연관보살누진화, 이 여덟 보살이 함께 부처님께 사뢰기를, "세존이시여 우리들이 여러 부처님 처소에서 받은 다라니 주문을 지금 말하여서 천지팔양경을 받아지니고 읽고 외우는 이를 보호하여 영원히 두려울 것이 없게 하오며, 또 온갖 나쁜 물건들로 하여금 이 경을 읽는 법사를 침노하지 못하

세존_하 약유불선자_가 욕래뇌법사_{라도} 문
世尊 若有不善者 欲來惱法師 聞

아설차주_{하면} 두파작칠분_{하여} 여아리수
我說此呪 頭破作七分 如阿梨樹

지_{이니이다} 이시_에 무변신보살_이 즉종좌
枝 爾時 無邊身菩薩 卽從座

기_{하여} 전백불언_{하시되} 세존_{이시여} 운하명
起 前白佛言 世尊 云何名

위천지팔양경_{입니까} 유원세존_은 위제
爲天地八陽經 唯願世尊 爲諸

청중_{하여} 해설기의_{하사} 영득각오_{하여} 속
聽衆 解說其義 令得覺悟 速

달심본_{하고} 입불지견_{하여} 영단의회_{케하소서}
達心本 入佛知見 永斷疑悔

불언_{하시되} 선재선재_라 선남자_여 여등_은
佛言 善哉善哉 善男子 汝等

제청_{하라} 오금위여_{하여} 분별해설천지팔
諦聽 吾今爲汝 分別解說天地八

양지경_{하리라}
陽之經

게 하겠나이다" 하고 부처님 앞에서 주문을 외웠다.

"아거니 니거니 아비라 만례 만다례"

"세존이시여, 만일 어떤 나쁜 이가 이 법사에게 시끄럽게 하는 자는 나의 이 주문을 듣고 머리가 일곱 쪽으로 쪼개져서 아리나무가지 같이 되게 하겠나이다."

그 때에 무변신보살이 자리에서 일어나 앞으로 나가 부처님께 여쭈옵대,

"세존이시여 어찌하여 천지팔양경이라 하나이까. 그 뜻을 말씀하사 이 대중들로 하여금 그 이치를 깨달아 빨리 마음의 근본을 통달하고 부처님의 지견에 들어가 의심을 끊게 하여 주소서."

천자는 양야요 지자는 음야며 팔자는 분
天 者 陽 也 地 者 陰 也 八 者 分

별야요 양자는 명해야니 명해대승무
別 也 陽 者 明 解 也 明 解 大 乘 無

위지리하여 요능분별팔식인연이 공무
爲 之 理 了 能 分 別 八 識 因 緣 空 無

소득이니라 우운팔식은 위경하고 양명은 위
所 得 又 云 八 識 爲 經 陽 明 爲

위니 경위상투하여 이성경교라 고로 명
緯 經 緯 相 投 以 成 經 敎 故 名

팔양경이니라 팔자는 시팔식이니 육근이 시
八 陽 經 八 者 是 八 識 六 根 是

육식이요 함장식과 아뢰야식이 시명팔
六 識 含 藏 識 阿 賴 耶 識 是 名 八

식이니라 명료분별팔식근원이 공무소유
識 明 了 分 別 八 識 根 源 空 無 所 有

하면 즉지양안은 시광명천이니 광명천중에
卽 知 兩 眼 是 光 明 天 光 明 天 中

즉현일월광명세존이요 양이는 시성문
卽 現 日 月 光 明 世 尊 兩 耳 是 聲 聞

부처님이 말씀하사대, "좋다 좋다 선남자들아 너희들은 자세히 들어라. 내가 너희들을 위하여 이제 천지팔양경의 뜻을 분별하여 말하리라.

천(天)은 양이요, 지(地)는 음이요, 팔(八)은 분별이요, 양(陽)은 분명히 안다는 것이니 대승의 하염없는 이치를 분명히 알아서 팔 아뢰야식 인연이 공하여 얻을 것이 없음을 잘 분별하는 것이니라. 또한 팔 아뢰야식은 날이 되고 양명은 씨가 되어 날과 씨가 어울려 경전을 이룬 까닭에 팔양경이라 하나니라.

팔은 팔식이니 안·이·비·설·신·의 여섯 근으로 된 여섯 식과 함장식과 아뢰야식을 팔식이라 하거든 팔식의 근원을 명료하게

천이니 성문천중에 즉현무량성여래며
天　　聲聞天中　　即現無量聲如來

양비는 시불향천이니 불향천중에 즉현
兩鼻　　是佛香天　　佛香天中　　即現

향적여래며 구설은 시법미천이니 법미
香積如來　口舌　　是法味天　　法味

천중에 즉현법희여래며 신은 시노사
天中　　即現法喜如來　　身　　是盧舍

나천이니 노사나천중에 즉현성취노사
那天　　盧舍那天中　　即現成就盧舍

나불과 노사나경상불과 노사나광명
那佛　　盧舍那鏡像佛　　盧舍那光明

불이며 의는 시무분별천이니 무분별천중에
佛　　意　　是無分別天　　無分別天中

즉현부동여래대광명불이며 심은 시법
即現不動如來大光明佛　　心　　是法

계천이니 법계천중에 즉현공왕여래며
界天　　法界天中　　即現空王如來

함장식천에 연출아나함경과 대반열
含藏識天　　演出阿那含經　　大般涅

분별하면 아무것도 없이 공한 것임을 분명하게 알거라.

 두 눈은 광명천이니 광명천 중에는 일월광명 세존을 나타내고, 두 귀는 성문천이니 성문천 중에는 무량성여래를 나타내고, 두 코는 불향천이니 불향천 중에는 향적여래를 나타내고, 입의 혀는 법미천이니 법미천 중에는 법희여래를 나타내고, 몸은 노사나천이니 노사나천 가운데는 성취노사나불과 노사나경상불과 노사나광명불을 나타내고, 뜻은 무분별천이니 무분별천 중에는 부동여래대광명불을 나타내고, 마음은 법계천이니 법계천 중에는 공왕여래를 나타내며, 함장식천에는 아나함경과 대반열반경을 연출하고, 아뢰야식천에서는 대지도론경과

반경이며 아뢰야식천에 연출대지도론
槃 經　阿 賴 耶 識 天　演 出 大 智 度 論

경과 유가론경이니라 선남자야 불즉시법
經　瑜 伽 論 經　善 男 子　佛 卽 是 法

이요 법즉시불이니 합위일상하여 즉현대
法 卽 是 佛　合 爲 一 相　卽 現 大

통지승여래니라
通 智 勝 如 來

불설차경시에 일체대지가 육종진동하고
佛 說 此 經 時　一 切 大 地　六 種 震 動

광조천지하여 무유변제하고 호호탕탕하여
光 照 天 地　無 有 邊 際　浩 浩 蕩 蕩

이무소명이라 일체유명은 개실명랑하고
而 無 所 名　一 切 幽 冥　皆 悉 明 朗

일체지옥은 병개소멸하며 일체죄인은
一 切 地 獄　竝 皆 消 滅　一 切 罪 人

구득이고니라
俱 得 離 苦

이시에 대중지중의 팔만팔천보살이
爾 時　大 衆 之 中　八 萬 八 千 菩 薩

유가론경을 연출하나니라.

선남자들아, 불이 곧 법이요 법이 곧 불이니 합하여 한 모양이 되어 대통지승여래를 나타내나니라."

부처님이 이 경을 말씀하실 때에 온갖 땅이 여섯 가지로 진동하며, 광명이 하늘과 땅에 비추어 끝간 데가 없이 호호탕탕하여 이름할 수 없었으며, 온갖 어둡던 데가 모두 명랑하여지고 온갖 지옥이 한꺼번에 소멸하여 여러 죄인들이 모두 고통을 여의었다.

그 때에 대중 가운데 있던 팔만팔천 보살이 일시에 성불하였으니, 이름이 공왕여래 응정등각이시고 겁은 이구겁이요, 국호는 무변국이니, 온갖 백성들이 모두 보살의 육바라밀을 행하여 너나 할 것 없이 무쟁

일시성불하니 호왈공왕여래응정등각
一時成佛 號曰空王如來應正等覺

이라 겁명은 이구요 국호는 무변이니 일체
劫名 離垢 國號 無邊 一切

인민이 개행보살육바라밀하되 무유피
人民 皆行菩薩六波羅密 無有彼

차하며 증무쟁삼매하여 체무소득하고 육
此 證無諍三昧 逮無所得 六

만육천비구비구니와 우바새 우바이는
萬六千比丘比丘尼 優婆塞 優婆夷

득대총지하여 입불이법문하고 무수천룡
得大總持 入不二法門 無數天龍

야차와 건달바와 아수라와 가루라와 긴
夜叉 乾闥婆 阿修羅 迦樓羅 緊

나라와 마후라가와 인비인등은 득법
那羅 摩睺羅伽 人非人等 得法

안정하여 행보살도하니라
眼淨 行菩薩道

선남자야 약부유인이 득관등위지일과
善男子 若復有人 得官登位之日

삼매를 증득하여 얻을 바 없는데 이르렀으며 육만 육천 비구와 비구니, 우바새와 우바이들은 대총지를 얻어서 불이법문에 들어갔고 수없는 천룡과 야차와 건달바와 아수라와 가루라와 긴나라와 마후라가와 인비인 등은 법안정을 얻어서 보살도를 행하였다.

"선남자들아, 어떤 사람이 벼슬하여 부임하는 날에나, 새로 집에 들어갈 때 이 경을 세 번만 읽으면 한없이 대길하여 선신이 보호하며 수명을 늘여 장수하고 복과 덕이 구족하리라.

선남자들아, 이 경을 한 번만 읽어도 일체 경을 한 번 읽는 것과 같고 이 경을 한 권만 써도 일체 경을 한 번 쓰는 것과 같아서

급신입택지시에 잠독차경삼편하면 심
及 新 入 宅 之 時　暫 讀 此 經 三 遍　甚

대길리하여 선신이 가호하고 연년익수하여
大 吉 利　善 神　加 護　延 年 益 壽

복덕구족하나니 선남자야 약독차경일편
福 德 具 足　善 男 子　若 讀 此 經 一 遍

하면 여독일체경일편이요 약사일권하면
如 讀 一 切 經 一 遍　若 寫 一 卷

여사일체경일부라 기공덕은 불가칭
如 寫 一 切 經 一 部　其 功 德　不 可 稱

불가량이요 등허공하여 무유변제하여 성
不 可 量　等 虛 空　無 有 邊 際　成

성도과하나니라
聖 道 果

부차 무변신보살마하살이여 약유중
復 次　無 邊 身 菩 薩 摩 訶 薩　若 有 衆

생이 불신정법하여 상생사견이라가 홀문
生　不 信 正 法　常 生 邪 見　忽 聞

차경하고 즉생비방하되 언비불설이라하면 시
此 經　即 生 誹 謗　言 非 佛 說　是

그 공덕은 말할 수 없고 한량이 없어서 허공과 같이 끝간데가 없을 것이며, 성인의 도과를 성취하리라.

또 무변신보살마하살아, 만일 어떤 중생이 정법은 믿지 아니하고 잘못된 소견만 내다가 문득 이 경의 말씀을 듣고 비방하기를 부처님 말씀이 아니라 하면 이 사람은 금생에 문둥병이 들어서 온 몸에 나쁜 창질이 생기고 고름이 흐르거든 나쁜 냄새가 두루 퍼져서 사람들이 미워하며 목숨이 마치는 날에는 아비지옥에 떨어져 위에서 붙은 불이 아래까지 사무치고 아래서 붙은 불은 위로 솟아오르며 쇠창과 쇠작살로 온 몸을 쑤시며 구리 녹인 물을 입에 부으면 뼈와 힘줄이 익어 문드러지며 하루 낮

인은 현세에 득백나병하여 악창농혈이
人 現世 得白癩病 惡瘡膿血

변체교류하며 성조취예를 인개증질타가
遍體交流 腥臊臭穢 人皆憎嫉

명종지일에 즉타아비무간지옥하여 상
命終之日 卽墮阿鼻無間地獄 上

화철하하고 하화철상하며 철창철차는 변
火徹下 下火徹上 鐵槍鐵叉 遍

체천혈하며 융동관구에 근골이 난괴하여
體穿穴 融銅灌口 筋骨 爛壞

일일일야에 만사만생으로 수대고통하여
一日一夜 萬死萬生 受大苦痛

무유휴식이니 방사경고로 획죄여시니라
無有休息 謗斯經故 獲罪如是

불위죄인하여 이설게언하시되
佛爲罪人 而說偈言

신시자연신이요 오체자연족이며
身是自然身 五體自然足

장내자연장이요 노즉자연로며
長乃自然長 老則自然老

하루 밤에 만번 죽고 만번 살면서 수 없는
고통이 쉴새 없으리니 이 경을 비방한 탓
으로 이러한 죄를 받나니라.”
　부처님이 죄인들을 위하여 게송으로 말씀
하사대,

“이 몸은 자연으로 생긴 몸이니,
머리와 사지도 자연으로 구비하였고.
자라기도 자연으로 자라났으며,
늙는 것도 자연으로 늙어만 지네.
날 때도 자연으로 생겨났으니
죽을 때도 자연으로 죽게 되리라.

키 크기를 구하여도 안 커지나니
적어지기 구한다고 적어질건가
괴로움도 즐거움도 네가 받나니

생내자연생이요 사즉자연사라
生 乃 自 然 生　死 則 自 然 死

구장부득장이요 구단부득단이니라
求 長 不 得 長　求 短 不 得 短

고락여자당하고 사정유여이라
苦 樂 汝 自 當　邪 正 由 汝 已

욕작유위공인데 독경막문사하라
欲 作 有 爲 功　讀 經 莫 問 師

천천만만세에 득도전법륜하니라
千 千 萬 萬 歲　得 道 轉 法 輪

불설차경이하시니 일체대중이 득미증유
佛 說 此 經 已　一 切 大 衆　得 未 曾 有

하여 심명의정에 환희용약하며 개견제상
心 明 意 淨　歡 喜 踊 躍　皆 見 諸 相

비상하고 입불지견하고 오불지견하여 무입
非 相　入 佛 知 見　悟 佛 知 見　無 入

무오하고 무지무견하여 부득일법이 즉열
無 悟　無 知 無 見　不 得 一 法　卽 涅

반락하니라
槃 樂

잘못되고 잘되기도 네게 달렸네.
좋은 공덕 지으려면 이 경을 읽으라.
천년만년 도를 얻어 법을 펴리라.”

부처님이 이 경을 마치시니, 여러 대중들이 처음 맛보는 기쁨을 얻어 마음이 밝아지고 뜻이 깨끗하여져서 즐거워 뛰놀면서 모든 상이 상이 아님을 다 보고 불지견에 들어가 불지견을 깨달아 들어간 것도 없고 깨달은 것도 없으며 아는 바도 없고 본 바도 없어서 한 가지 법도 얻음이 없는 것이 곧 열반의 즐거움이었다.

백살신주경 百殺神呪經

여시아문 일시불 주사위국 기수급 고
如是我聞 一時佛 住舍衛國 祇樹給 孤

독원 여 백천살귀신설
獨園 與 百千殺鬼神說

나무대귀살신 나무중귀살신 나무소귀
南無大鬼殺神 南無中鬼殺神 南無小鬼

살신 나무년귀살신 나무월귀살신 나무
殺神 南無年鬼殺神 南無月鬼殺神 南無

일귀살신 나무시귀살신 나무천겁귀살신
日鬼殺神 南無時鬼殺神 南無天劫鬼殺神

나무지겁귀살신 나무공중겁귀살신
南無地劫鬼殺神 南無空中劫鬼殺神

나무대귀귀살신 나무중귀귀살신 나무
南無大鬼鬼殺神 南無中鬼鬼殺神 南無

소귀귀살신 나무팔부귀살신 나무칠귀
小鬼鬼殺神 南無八部鬼殺神 南無七鬼

살신 나무오악산귀살신 나무근악산귀
殺神 南無五岳山鬼殺神 南無近岳山鬼

살신 나무오방룡귀살신 나무복룡귀살신
殺神 南無五方龍鬼殺神 南無伏龍鬼殺神

나무동방천귀살신 나무남방천귀살신
南無東方天鬼殺神 南無南方天鬼殺神

나무서방천귀살신 나무북방천귀살신
南無西方天鬼殺神 南無北方天鬼殺神

나무중앙천귀살신 나무청제귀살신
南無中央天鬼殺神 南無靑帝鬼殺神

나무적제귀살신 나무백제귀살신 나무
南無赤帝鬼殺神 南無白帝鬼殺神 南無

흑제귀살신 나무황제귀살신 나무청룡
黑帝鬼殺神 南無黃帝鬼殺神 南無靑龍

귀살신 나무주작귀살신 나무백호귀살신
鬼殺神 南無朱雀鬼殺神 南無白虎鬼殺神

나무현무귀살신 나무삼살귀살신 나무
南無玄武鬼殺神 南無三殺鬼殺神 南無

사살귀살신 나무육해귀살신 나무칠상
四殺鬼殺神 南無六害鬼殺神 南無七傷

귀살신 나무팔난귀살신 나무구액귀살신
鬼殺神 南無八難鬼殺神 南無九厄鬼殺神

나무웅귀살신 나무자귀살신 나무전귀
南無雄鬼殺神 南無雌鬼殺神 南無前鬼

살신 나무후귀살신 나무사인백천귀살신
殺神 南無後鬼殺神 南無死人百千鬼殺神

나무동방생귀살신 나무남방생귀살신
南無東方生鬼殺神 南無南方生鬼殺神

나무서방생귀살신 나무북방생귀살신
南無西方生鬼殺神 南無北方生鬼殺神

나무중앙생귀살신 나무대남생귀살신
南無中央生鬼殺神 南無大男生鬼殺神

나무중남생귀살신 나무소남생귀살신
南無中男生鬼殺神 南無小男生鬼殺神

나무대녀생귀살신 나무중녀생귀살신
南無大女生鬼殺神 南無中女生鬼殺神

나무소녀생귀살신 나무금귀살신 나무
南無小女生鬼殺神 南無金鬼殺神 南無

목귀살신 나무수귀살신 나무화귀살신
木鬼殺神 南無水鬼殺神 南無火鬼殺神

나무토귀살신 나무석귀살신 나무연탄
南無土鬼殺神 南無石鬼殺神 南無年呑

귀살신 나무월탄귀살신 나무일탄귀살
鬼殺神 南無月呑鬼殺神 南無日呑鬼殺

신 나무시탄귀살신 나무천탄귀살신
神 南無時呑鬼殺神 南無天呑鬼殺神

나무지탄귀살신　나무동방성조살신
南無地吞鬼殺神　南無東方成造殺神

나무남방성조살신　나무서방성조살신
南無南方成造殺神　南無西方成造殺神

나무북방성조살신　나무중앙성조살신
南無北方成造殺神　南無中央成造殺神

나무자지성조살신　나무축지성조살신
南無子地成造殺神　南無丑地成造殺神

나무인지성조살신　나무묘지성조살신
南無寅地成造殺神　南無卯地成造殺神

나무진지성조살신　나무사지성조살신
南無辰地成造殺神　南無巳地成造殺神

나무오지성조살신　나무미지성조살신
南無午地成造殺神　南無未地成造殺神

나무신지성조살신　나무유지성조살신
南無申地成造殺神　南無酉地成造殺神

나무술지성조살신　나무해지성조살신
南無戌地成造殺神　南無亥地成造殺神

나무삼세일체귀살신　나무동방백천귀살신
南無三世一切鬼殺神　南無東方百千鬼殺神

나무남방백천귀살신　나무서방백천귀
南無南方百千鬼殺神　南無西方百千鬼

살신 나무북방백천귀살신 나무중앙백
殺神 南無北方百千鬼殺神 南無中央百

천귀살신 나무상방백천귀살신 나무하
千鬼殺神 南無上方百千鬼殺神 南無下

방백천귀살신 나무택중귀살신 나무근
方百千鬼殺神 南無宅中鬼殺神 南無近

리귀살신 나무원리귀살신 나무소백증
里鬼殺神 南無遠里鬼殺神 南無消魄增

복귀살신 나무일체제귀살신 나무공중
福鬼殺神 南無一切諸鬼殺神 南無空中

귀살신 나무혼백귀살신 나무원가일체
鬼殺神 南無魂魄鬼殺神 南無怨家一切

책주귀살신
嘖主鬼殺神

불언 제선남자 차경공덕 무량 선신불
佛言 諸善男子 此經功德 無量 善神佛

수호 약유중생 병고 독송 예배 병즉
守護 若有衆生 病苦 讀誦 禮拜 病則

제유 만사길창 일체살귀등 문불소설
諸悠 萬事吉昌 一切殺鬼等 聞佛所說

개대환희 신수봉행 작례이퇴
皆大歡喜 信受奉行 作禮而退

천지팔양신주경의 내용과 공덕

부처님께서는 팔양경에 대하여 다음과 같이 말씀하십니다.

"이 경문을 듣는 이나 들은 사람의 곁에 있기만 하여도 팔부신장이 옹호하여 잡귀나 잡신이 범접치 못하게 되어 모든 재앙이 소멸되느니라. 그리고 이 경이야말로 모든 부처님의 가르침의 핵심이고 진실이어서 이 경을 듣기만 하여도 신심이 후퇴하지 않고, 모든 장애를 여의며 수명이 연장되는 등의 복덕을 얻으며 이 경을 전부 쓰거나 받아서 지니거나 읽고 외우면 그 공덕은 한량이 없으며, 또한 성불로 이르게 하는 경이니라"

듣는 것만으로도 이런데 직접 이 경을 읽으며 정성을 받치면 제석천왕까지도 돕는다고 볼 수 있습니다. 그리하여 집안에 병고가 있거나 혹은 이사를 새로 하였을 때 집에 흙일이나 구조를 바꿀 때 이 경을 독송하면 동토가 소멸하고, 또 아무리 흉가라 할지라도 이 경문을 세 번만 독송하면 오히려 만복이 들어오는 길성가로 변하며, 또한 어떤 재앙이 닥치더라도 이 경을 세 번만 외우면 재앙이 소멸되어 재복이 되고 영화를 누리게 된다고 합니다.

또한 불자들이 이 경을 세 번만 읽으면 모든 귀신들이 물러가고 대길하며 무량한 복이 있다고 설하고 있어 옛부터 모든 길흉사(집을 고치거나 이사를 하거나 해산을 하거나 결혼을 하거나, 사람이 태어나거나 임종시 등)가 있을 때마다 민간신앙의 차원에서 재앙을 멀리하고 복을 빌기 위한 수단으로서 이 경이 특별히 자주 독송되어 왔던 것입니다.

이 경에서는 하늘과 땅 사이에는 사람이 가장 뛰어남으로 모든 만물 가운데서 귀중한 것이니 사람이 바르고 참되어야 하며, 마음에는 허망함이 없어야 하고 몸은 바르고 참된 일을 행해야 된다고 강조합니다. 그리고 사람 인(人)의 왼편으로 삐친 획은 바르다는 뜻이요, 오른편으로 삐친 획은 참되다는 뜻이니 항상 바르고 참된 일만을 행함으로 사람이라 하므로 사람은 능히 도를 의지하고 사람을 의지하면 모두 성인의 도를 이루게 된다고 설하고 있습니다.

천지팔양(天地八陽)의 의미는 천(하늘)은 양이고, 지(땅)는 음이며, 팔은 분별이고, 양은 분명히 안다는 뜻이니, 대승의 하염없는 이치를 분명히 알아서 팔식인연이 공하여 얻을 것이 없음을 잘 분별하게 하는 경으로 해석되고 있습니다. 팔양경은 불교사상과 도교사상이 결합되어 만들어진 경으로, 이 경의 정식 명칭은 『불설천지팔양신주경(天地八陽神呪經)』이며, 일반적으로 『팔양경』이라고 부르고 있습니다

천지팔양경은 당시대 삼장법사인 의정(義淨)대사가 지은 위경(僞經)이기 때문에 인도나 티벳에는 없는 경입니다. 하지만 중국에서 만들어졌다고 하여 가볍게 여겨서는 안될 것입니다. 왜냐하면 우리 불교에 영향을 미치는 큰스님들은 인도 분들보다 중국 스님들이 더 많고 우리가 공부하고 있는 불교 문헌들이 대부분 중국에서 만들어진 것이기 때문입니다. 비록 천지팔양경이 위경이지만 의정이라는 중국의 고승의 작품이므로 이 경을 수지 독송하면 큰 도움을 받을 수 있을 것입니다.

백살신주경의 내용과 공덕

부처님께서 백살신주경(百殺神呪經) 말씀하시되 "모든 중생들이여, 이 경의 공덕은 무량하여 선신들이 부처님을 수호하고 중생들이 병고에 시달릴 때 독송하면 곧 치유되고 모든 일이 길하게 될 것이며 일체의 귀신들이 이 경을 듣는 순간 모두 환희심을 내고 신심을 내어 부처님의 가르침을 받들어 행하고 물러나게 될 것이니라"라고 일러주신 경입니다.

이 경도 위의 경우와 같이 위경(僞經)이라고 하지만 음양오행으로 인간사를 살피던 옛 선인들의 지혜가 담겨진 글, 곧 "빈부귀천을 떠나 모든 인간들은 역학(易學)의 입장에서 보았을 때 40, 50여 가지의 살(殺, 죽일 살煞로 해석함이 바름)을 가지고 있지만 먼저 미리 준비하고 불보살님의 공덕에 의지하여 예방하면 이를 벗어날 수 있다는 방편으로 널리 읽혀지고 있는 경입니다. 특히 민간신앙으로 알려지길 이 경을 생일날에 3번 이상 독송해 주면 수명이 길어진다는 속설에 따라 부모의 자식에 대한 건강과 장수를 향한 간절한 염원으로 널리 읽혀지고 있는 경입니다.

경전을 간행하고 독경하는 열가지 공덕

1. 전생에 지은 죄업이 곧 소멸되고 무거운 것은 가벼워진다.
2. 항상 선신이 보호하여 삼재팔난에서 벗어난다.
3. 전생의 원수들이 원결을 풀어 보복이 없어진다.
4. 삿된 기운의 침해를 받지 않는다.
5. 몸과 마음이 안락하고 꿈자리가 상서롭다.
6. 의식이 풍족해지고 가정이 화목해진다.
7. 사람들이 친근감을 갖게 되고 대중들의 공경예배를 받게 된다.
8. 지혜가 자라나고 질병이 소멸된다.
9. 장애자로 태어나지 않고 좋은 상호를 갖추게 된다.
10. 임종 후에는 정토에 태어나 열반의 길에 오른다.

천지팔양신주경(天地八陽神呪經)

1쇄 불기 2556(2012)년 2월 20일
7쇄 불기 2566(2022)년 9월 20일

만든곳 / 불교서원 佛敎書院
만든이 / 문선우

광주광역시 동구 동계천로95번길 34
대표전화:(062) 226-3056 전송:5056
출판등록번호 : 제 105-01-0160호

정가 3,000원